BEI GRIN MACHT SICH IHR WISSEN BEZAHLT

- Wir veröffentlichen Ihre Hausarbeit,
  Bachelor- und Masterarbeit

- Ihr eigenes eBook und Buch -
  weltweit in allen wichtigen Shops

- Verdienen Sie an jedem Verkauf

Jetzt bei www.GRIN.com hochladen und kostenlos publizieren

Bibliografische Information der Deutschen Nationalbibliothek:

Die Deutsche Bibliothek verzeichnet diese Publikation in der Deutschen National-
bibliografie; detaillierte bibliografische Daten sind im Internet über http://dnb.d-
nb.de/ abrufbar.

Impressum:

Copyright © 2017 GRIN Verlag
Druck und Bindung: Books on Demand GmbH, Norderstedt Germany
ISBN: 9783346027245

Dieses Buch bei GRIN:

https://www.grin.com/document/498832

Suna Vural

Degrammatikalisierung. Was ist sie und existiert sie wirklich?

GRIN Verlag

Universität zu Köln

Romanisches Seminar

Proseminar: Grammaticalisation et changement linguistique

Sommersemester 2017

Was ist die Degrammatikalisierung und existiert sie wirklich?

Abgabedatum: 15.09.2017

Suna Vural

Europäische Rechtslinguistik, 4. Fachsemester

Inhaltsverzeichnis

Einleitung

Die Degrammatikalisierung bildet in der Sprachwissenschaft ein relativ junges Forschungsgebiet, daher haben sich bisher noch nicht viele Linguisten mit diesem Thema beschäftigt. Die Forschungen, die jedoch bereits getätigt wurden, führen zu unterschiedlichen Ergebnissen und Streitigkeiten.

Der Begriff der Degrammatikalisierung wird teilweise in komplett unterschiedlichen Bedeutungen gebraucht, deshalb wird das Konzept zunächst von anderen Sprachwandelbegriffen abgegrenzt werden und im Folgenden wird auf die Degrammatikalisierung nach Norde eingegangen, da sie eine überzeugende und ausgereifte Erklärung diesbezüglich in ihrer Monographie darlegt, so dass klar wird, was die Degrammatikalisierung denn eigentlich ist.

Degrammatikalisierung steht in enger Verbindung zu der Grammatikalisierung. Daher werde ich in dieser Arbeit auch teilweise auf dieses Sprachphänomen eingehen. Zudem werden die Grammatikalisierungsparameter nach Lehmann in Augenschein genommen und besonders im Hinblick auf die Umkehrung dieser Parameter durch Muriel Norde, um die Degrammatikalisierung benennen zu können, untersucht werden.

Zum Abschluss werde ich versuchen sowohl Argumente, die gegen als auch welche, die für die Degrammatikalisierung sprechen widerzuspiegeln, um darlegen zu können, ob dieser Sprachprozess tatsächlich existiert.

Abgrenzung des Begriffs der Degrammatikalisierung

Die Sprachphänomene der Degrammatikalisierung, Grammatikalisierung und Lexikalisierung sind in Relation zu einander komplex. Die Unterscheidung zwischen ihnen fällt oftmals schwer, da es für die Begriffe unterschiedliche Definitionsmöglichkeiten gibt und sich diese teilweise überschneiden. Außerdem werden Antigrammatikalisierung und Regrammatikalisierung von einigen Sprachforschern im Sinne der Degrammatikalisierung benutzt, was sich jedoch als ungenau erweisen kann.

Zunächst muss die Degrammatikalisierung allerdings klar definiert werden, so dass ein grundlegendes Verständnis dafür möglich ist und folglich, damit deren Existenz überhaupt geprüft werden kann. Daher möchte ich im Folgenden auf die verschiedenen Begriffe eingehen, um ein etwas klareres Bild zu ermöglichen.

Nach dem deutschen Sprachwissenschaftler Christian Lehmann, der seinerseits behauptet es gäbe die Degrammatikalisierung nicht, stellt sie theoretisch das Gegenteil der Grammatikalisierung dar. Auch Muriel Norde, welche einen bedeutenden Teil zu der Forschung in diesem Themenbereich beigetragen hat, spricht bei der Degrammatikalisierung von dem der Grammatikalisierung entgegengesetzten Prozess.

Zunächst muss daher die Grammatikalisierung, welche 1912 von Meillet geprägt wurde, definiert werden.

Sie liegt generell dann vor, wenn eine sprachliche Einheit an lexikalischer Bedeutung verliert und gleichzeitig an grammatischer gewinnt. Ein Lexem wird folglich im Laufe der Zeit zu einem Grammem. Dies geht mit dem Verlust morphologischer Unterscheidbarkeit und syntaktischer Freiheit einher.

Viele Linguisten verfechten die Unidirektionalität der Grammatikalisierung und deren Irreversibilität, was alles in allem das Grundmotiv ist die Degrammatikalisierung strikt abzustreiten. Während der Grammatikalisierung durchläuft die signifikative Einheit die allgemeine Grammatikalisierungsskala von links nach rechts, im Falle der Degrammatikalisierung würde der Prozess von rechts nach links ablaufen. Nun bedeutet Unidirektionalität, dass während eines Grammatikalisierungsvorganges Veränderungen stets in eine Richtung stattfinden der Prozess ist demnach zielgerichtet, das heißt, dass es den Verlauf von rechts nach links, nach dieser Theorie, nicht geben kann.

Der Gegenpol zu der Lexikalisierung ist, nach Lehmann, die Volksetymologie (Klump 2007: 103). Dieser Sprachwandel wird von beispielsweise Kurylowicz (1965) als der entgegengesetzte Prozess zu der Grammatikalisierung gesehen und ist dadurch theoretisch ein Synonym für die Degrammatikalisierung. Definieren lässt sich die Lexikalisierung als Veränderungen, die in neuen Lexemen resultieren. Jedoch darf die Degrammatikalisierung nicht mit der Lexikalisierung gleichgesetzt werden, da sie nur einen geringen Teil zu der Erweiterung des Lexikoninventars beibringt und somit das Hauptkriterium der Lexikalisierung nur in seltenen Fällen erfüllt. Somit stellt die Lexikalisierung kein Synonym für die Degrammatikalisierung dar.

Fälschlicherweise werden oftmals auch die Begriffe Anti- und Regrammatikalisierung als Synonyme für die Degrammatikalisierung benutzt. Der Begriff Anitgrammatikalisierung wurde durch Haspelmath eingeführt. Er umfasst alle Veränderungen, die gegen die allgemeine Richtung der Grammatikalisierung gehen (Haspelmath 2004: 28). Allerdings erweisen sich, wie Norde in ihrer Monographie belegt, in seiner Definition Widersprüche (vgl. Norde 2009: 109). Daher ist der Gebrauch dieser Bezeichnung nicht empfehlenswert. Bei der Regrammatikalisierung wird eine grammatische Funktion durch eine andere ersetzt, die veränderten Elemente werden hierbei folglich nicht weniger grammatisch, wie es bei der Degrammatikalisierung der Fall ist.

Die Degrammatikalisierung, wie bereits erwähnt, ist die entgegengesetzte Entwicklung der Grammatikalisierung. Dies bedeutet jedoch nicht, dass der während der Grammatikalisierung durchlaufene Prozess exakt spiegelverkehrt passiert oder in der Ausgangsform resultieren muss.

Der Fokus der Degrammatikalisierung liegt auf der grammatischen Ausgangsform und dem Prozess bei dem ein weniger grammatischer Status erlangt wird. Das Phänomen wird demnach durch semantische Verstärkung impliziert. Dieser Sprachwandel sagt allerdings nichts über die schließlich resultierende Form aus, also weder ob sie grammatisch, noch ob sie lexikalisch sein wird.

Lehmannsche Parameter

Christian Lehmann entwickelte 1985 Grammatikalisierungsparameter mit denen er die verschiedenen Grade der Grammatikalisierung bemessen konnte. Diese kehrt Norde später um und benutzt sie, um die Degrammatikalisierung klassifizieren zu können. Nachfolgend werde ich beide Versionen der Parameter aufzählen und erläutern.

Parameter der Grammatikalisierung nach Lehmann

Die Parameter leitet Lehmann von der Autonomie der Sprache ab. Dadurch, dass er Sprache als ein unbeschränktes Schaffen von Zeichen definiert, gesteht er den Sprechern eine gewisse Freiheit bei der Zusammensetzung und Auswahl dieser Zeichen ein. Dies stellt die Autonomie einer Sprache dar. Sie impliziert das Fehlen von Kohäsion, das heißt, dass Sprachzeichen nicht aneinander gebunden sind. Umfasst ist auch die Variabilität, Autonomie besteht demnach dann, wenn Beweglichkeit und Manipulierbarkeit gegeben sind. Diese beiden Aspekte gehen mit dem Dritten Kriterium einher: Das Gewicht des Zeichens, durch welches eine Gegenüberstellung und Vergleichung mit anderen Zeichen möglich ist.

Die Kriterien mit denen er die Grammatikalisierungsstufe erweist sind also „Gewicht", „Kohäsion" und „Variabilität". Auf Grund dessen, dass diese drei Faktoren sowohl auf der paradigmatischen Achse, auf welcher die vertikalen Beziehungen geregelt werden, als auch auf der syntagmatischen, also der die horizontalen Beziehungen bestimmenden Achse zur Wirkung kommen, kommen insgesamt sechs Parameter der Grammatikalisierung zustande.

Letztlich entstehen insgesamt folgende Parameter: Die Kohäsion auf der paradigmatischen Achse führt zu „Paradigmatizität", auf der syntagmatischen Achse zu „Fügungsenge". Die Variabilität bildet auf der paradigmatischen Ebene die „Wählbarkeit" und auf der syntagmatischen die „Stellungsfreiheit". Bei dem Autonomieaspekt des Gewichts kommt es paradigmatisch zu „Integrität" und syntagmatisch zu „Skopus" (Lehmann 2002: 110).

All diese Kriterien hängen miteinander zusammen und beeinflussen sich gegenseitig. So schreibt Lehmann beispielsweise auf seiner Website: „In dem Maße in dem die Kohäsion eines Zeichens zunimmt, nehmen seine Variabilität und sein Gewicht ab" (Lehmann 2006).

Bibliografische Information der Deutschen Nationalbibliothek:

Die Deutsche Bibliothek verzeichnet diese Publikation in der Deutschen National-
bibliografie; detaillierte bibliografische Daten sind im Internet über http://dnb.d-
nb.de/ abrufbar.

Impressum:

Copyright © 2010 GRIN Verlag
Druck und Bindung: Books on Demand GmbH, Norderstedt Germany
ISBN: 9783346046598

Dieses Buch bei GRIN:

https://www.grin.com/document/503418

Umkehrung der Parameter

Muriel Norde greift in ihrer Monographie auf Christian Lehmanns Parameter der Grammatikalisierung zurück, um die Degrammatikalisierung nachweisen und bemessen zu können und nennt diese fortan „Parameter der Degrammatikalisierung".

Auch wenn viele Linguisten auf die Unidirektionalität der Grammatikalisierung beharren, definiert Norde die Degrammatikalisierung als „Komposit-Veränderung in die entgegengesetzte Richtung der Grammatikalisierung" (Norde 2009: 130). Dementsprechend kehrt sie die Lehmannschen Parameter um, die erstellt wurden um Vorgänge der Grammatikalisierung identifizieren und klassifizieren zu können, und wendet sie in die entgegengesetzte Richtung an.

Zu dem Parameter der Integrität fügt sie die Unterpunkte *resemanticization, phonological strengthening* und *recategorialization* hinzu, da hierbei eine degrammatikalisierte Einheit an phonologischer und semantischer Substanz gewinnt und, nur in der primären Degrammatikalisierung, morphosyntaktische Eigenschaften annimmt. Aus Lehmanns Kriterium der Paradigmatizität macht sie *deparadigmaticization*, welche in der primären Degrammatikalisierung zu einem Wechsel von einer geschlossen Wortklasse zu einer offenen und in der sekundären zu einem Freikommen aus einem inflationären Paradigma führt. Erhöhte Wählbarkeit kann während der Degrammatikalisierung auftreten (oder fakultativ werden), daher kommt es bei diesem Parameter zu dem Unterpunkt *deobligatorification*. Bei dem Kriterium des Skopus kommt es in diesem Sprachphänomen zur *scope expansion*. Stellungsfreiheit führt bei der Degrammatikalisierung zu erhöhter syntaktischer Freiheit und somit zu *flexibilization*. (Norde 2009: 130f.)

Wie auch bei den Grammatikalisierungsparametern müssen nicht alle Kriterien erfüllt sein, damit man die Degrammatikalisierung bejahen kann.

Degrammatikalisierung nach Norde

Nachdem sie in ihrer Monographie die Grammatikalisierungsparameter nach Lehmann umgekehrt hat, nimmt Norde Bezug auf Andersens Modell zur Klassifizierung von Grammatikalisierung und Grammatikalisierungsgraden. Von Andersens vier *levels of observation* eignen sich drei, um verschiedene Typen der Degrammatikalisierung nachweisen zu können. Jene wendet sie genau wie die sechs Lehmmanschen Parameter entsprechend auf die Degrammatikalisierung an.

Zunächst ist es wichtig zu wissen, dass Norde von primärer und sekundärer Degrammatikalisierung ausgeht. Bei der primären wird ein Funktionswort zu einer vollen lexikalischen Einheit und bei der sekundären Degrammatikalisierung wird ein gebundenes Morphem weniger grammatisch (Norde 2009: 130), überdies besteht die sekundäre Degrammatikalisierung noch aus zwei Unterkategorien.

Durch Andersens Model lassen sich folgende Klassen der Degrammatikalisierung festlegen: *Degrammation*, welches die primäre Degrammatikalisierung darstellt, ist das Hinzugewinnen an lexikalischer Bedeutung. *Deinflectionalization*, die erste Unterkategorie der sekundären Degrammatikalisierung, zeigt sich durch den Verlust der Integration eines Affixes. Es ist also „weniger gebunden" (vgl. Norde 2009: 133). Während des *debonding*s, der zweiten Unterkategorie der sekundären Degrammatikalisierung, werden gebundene Morpheme zu freien, an semantischem Inhalt gewinnenden Morpheme. Sie gewinnen folglich an Autonomie.

Zusammenfassend, Norde benutzt Degrammatikalisierung als Hypernym. Davon umfasst sind *degrammation* (primäre Degrammatikalisierung), *deinflectionalization* und *debonding* (beides sekundäre Degrammatikalisierung). Diese drei Prozesse müssen aber untereinander getrennt werden.

Existenz der Degrammatikalisierung

Wie bereits in der Einleitung erwähnt, wirft das Thema der Degrammatikalisierung in der Sprachwissenschaft eine Diskussion auf.

Im Folgenden sollen sowohl die Ansichten der Gegner, als auch die der Befürworter der Degrammatikalisierung betrachtet werden.

Argumente gegen die Existenz der Degrammatikalisierung

Viele Sprachforscher bringen als Gegenargument für die Degrammatikalisierung an, dass die Grammatikalisierung ein gerichteter und somit unidirektionaler Prozess ist, der nicht umkehrbar ist. Da die Degrammatikalisierung als das Spiegelbild der Grammatikalisierung definiert wird, behaupten einige Linguisten diesen systematischen Prozess könne es nicht geben.

Lehmann, der ebenfalls diese Ansicht vertritt, gesteht einige Beispiele ein, die für die Degrammatikalisierung sprechen, entkräftet sie allerdings, da die Geschichte erweise, dass Grammatikalisierung stets in eine Richtung verlaufe (vgl. Lehmann 2006). Auch Joachim Jacobs nennt wenige Beispiele, die die Degrammatikalisierung beweisen könnten, doch benennt er diese als Ausnahmen von der Grammatikalisierung und behauptet: „bei einer kreativen Tätigkeit wie Sprache bleib[e] keine Regel ohne Ausnahme" (Jacobs 1995: 1256).

Während man im Lateinischen an das Ende eines Verbes beispielsweise das Personalsuffix -o hängen muss, um die 1. Person Singular erkenntlich zu machen, benutzt man im Französischen hierfür zusätzlich das *je*. Die Strukturmittel des Französischen, das sich aus dem Lateinischen entwickelt hat, sind folglich weniger grammatisch als die des Lateinischen und dennoch handelt es sich laut Jacobs in diesem Fall nicht um Degrammatikalisierung, sondern um Grammatikalisierung. Dies lässt sich dadurch erklären, dass sich *je* aus *ego* entwickelt hat. Dazu schreibt er: „Ob bei diachronen Vergleichen der spätere Zustand einen geringeren Grad an Grammatizität aufweist als der frühere, hängt einfach von der Wahl der verglichenen Stadien ab" (Jacobs 1995: 1257).

Argumente für die Existenz der Degrammatikalisierung

Die deutsche Sprachwissenschaftlerin Damaris Nübling schreibt in ihrem Aufsatz in der Zeitschrift für germanistische Linguistik, dass „die heutige Namensklassifikation durch einstiges Genus [...] ein gutes Beispiel für den selten begangenen Pfad der Degrammatikalisierung [bildet]" (Nübling 2015: 335). Ein Fall dieses Sprachwandels liegt beispielsweise vor, wenn aus dem Seevogel Albatros (m.) das Schiff „die Albatros" wird (Nübling 2015). Dieses Beispiel würde in Nordes Kategorisierung unter primäre Degrammatikalisierung beziehungsweise *degrammtion* fallen.

Ein weiteres Beispiel ist das s-Genitiv im Englischen. Diese Flexionsendung markierte im Altenglischen den Genitiv, allerdings gab es damals noch andere Möglichkeiten diese grammatische Funktion auszudrücken. Später, im Neuenglischen, konnte der Genitiv einzig durch die Flexionsendung -*s* dargestellt werden, im modernen Englisch ist es eine Enklise geworden. Die Sprachentwicklung, von einer Flexionsendung zu einer Enklise, veranschaulicht somit die Degrammatikalisierung (vgl. Lehmann 2015). Dies wäre nach Norde ein Beispiel für sekundäre Degrammatikalisierung der Kategorie *deinflectionalization*.

Das wohl bekannteste Beispiel für die Degrammatikalisierung ist das Derivationssuffix -isme im Französischen in beispielsweise *féminisme* oder *racisme*. Dieses wird dann zu der neuen lexikalischen Einheit „les ismes", was so viel bedeutet wie „Ideologie". Dieser Sprachwandel bekundet das *debonding* und ist damit ein Zeugnis der sekundären Degrammatikalisierung.

An den Beispielen wird deutlich, dass es nachweisbare Vorgänge gibt, die der Degrammatikalisierung zugeordnet werden können. Den Argumenten diesen Sprachprozess könne es auf Grund der Unidirektionalität nicht geben, kann an dem Beispiel von dem s-Genitiv im Englischen entgegengebracht werden, dass am Ende des Sprachwandels nicht wieder die Ausgangsform angenommen wird, sondern eine neue, weniger grammatische Form entsteht. Schließlich bildet die Degrammatikalisierung kein direkt spiegelbildliches Geschehen.

Fazit

Um festlegen zu können ob es sich um Degrammatikalisierung handelt, eignen sich die von Norde umgewandelten Lehmannschen Parameter. Hierbei lassen sich nicht alle Parameter auf alle Stufen der Degrammatikalisierung anwenden, genauso wie sich nicht alle Grammatikalisierungsparameter auf jede Klasse der Grammatikalisierung anwenden lassen.

Daneben kann das, ein wenig abgeänderte, Model nach Andersen angewandt werden, um den Grad der Degrammatikalisierung klassifizieren zu können. Das Sprachphänomen unterteilt sich in primäre und sekundäre Degrammatikalisierung auf, die aus *degrammation*, *deinflectionalization* und *debonding* bestehen.

Ob man die wenigen Beispiele, die es für den Sprachprozess gibt, nun als Ausnahmen betrachten möchte oder sie als Regel unter der Degrammatikalisierung zusammenfasst, ist eine umstrittene Frage. Meines Erachtens ist an dieser Stelle jedoch Geduld angebracht. Schließlich wissen wir nicht, wie sich die Forschung auf diesem Gebiet weiterentwickeln wird. Erst recht wissen wir nicht, wie sich die Sprachen im Laufe der Zeit verändern werden und ob nicht schon in einigen Jahrzehnten mehr Beispiele für die Degrammatikalisierung vorlegbar sein werden, so dass die Frage bezüglich der Existenz dieses Sprachphänomens genauso unzweifelhaft sein wird, wie heute die Existenzfrage bezüglich der Grammatikalisierung. Wie auch Damaris Nübling jüngst in ihrem Aufsatz schrieb: „Das deutsche [nimmt] typologisch neue Züge an […]. [Der] Sprachwandel [ist] gegenwärtig in vollem Gange und gut sichtbar." (2015: 341)

Abschließend, kann den Gegnern der Degrammatikalisierung entgegengebracht werden, dass sich die Ansichten, Theorien (insbesondere in Bezug auf die Degrammatikalisierung: die Unidirektionalität) und die Sprachwissenschaft als solche weiterentwickeln sollten, genauso wie die Sprachen selber einer ständigen Entwicklung unterliegen.

Bibliographie

Bülow, L. (2012). Muriel Norde. Degrammaticalization. *Zeitschrift für Rezensionen zur germanistischen Sprachwissenschaft*, 210-215.

Diewald, G. (2010). Zum Verhältnis von Verstärkungsprozessen und Grammatikalisierung. In *Prozesse sprachlicher Verstärkung. Typen formaler Resegmentierung und semantischer Remotivierung* (S. 181-198). Berlin: De Gruyter (Linguistik - Impulse und Tedenzen 37).

Haspelmath, M. (2004). On directionality in language change with particular reference to grammaticalization. In O. Fischer, M. Norde , H. Perridon, & (eds.), *Up and down the cline: The nature of grammaticalization* (S. 17-44). Amsterdam, Philadelphia: Benjamins.

Hopper, P. J., & Traugott, E. C. (1993). *Grammaticalization.* Cambridge: Cambridge University Press.

Jacobs, J., von Stechow, A., Sternefeld, W., & Vennemann, T. (1995). In *Syntax: Ein internationales Handbuch zeitgenössischer Forschung* (S. 1256). De Gruyter.

Klump, A. (2007). *Trajectoires du changement linguistique - Zum Phänomen der Grammatikalisierung im Französischen.* Stuttgart: ibidem-Verlag.

Kurylowicz, J. ([1965]²1975). The evolution of grammatical categories. In *Esquisses linguistiques II* (S. 38-54). München: Wilhelm Fink Verlag.

Lehmann, C. ([1982]²2002). Seminar für Sprachwissenschaft der Universität . *Thoughts on Grammaticalization.* Erfurt.

Lehmann, C. (2006). *Sprachtheorie - Grammatikalisierung.* Von http://www.christianlehmann.eu: http://www.christianlehmann.eu/ling/ling_theo/index.html?http://www.christianlehmann.eu/li ng/ling_theo/grammatikalisierung.php abgerufen

Lehmann, C. (2015). *Thoughts on grammaticalization .* Berlin: Language Science Press.

Meillet, A. ([1912]²1975). L'évolution des formes grammaticales. In A. (. Meillet, *Linguistique historique et linguistique générale.* Paris: Champion.

Norde, M. (2009). *Degrammaticalization.* Oxford: Oxford univ. press.

Nübling, D. (2015). Degrammatikalisierung und Exaptation - Genus & Artikel als onymisches Klassifikationssystem. *Zeitschrift für germanistische Linguistik* , S. 333-345.

Prevost, S. (2006). Grammaticalisation, lexicalisation et dégrammaticalisation : des rélations complexes. *Cahiers de praxématique*(46), pp. 121-140.

Trost, I. (2010). Die semantische und die grammatische Sekretion am Beispiel der Komparativpositive. *Prozesse sprachlicher Verstärkung. Typen formaler Resegmentierung und semantischer Remotivierung*, S. 317-340.

BEI GRIN MACHT SICH IHR WISSEN BEZAHLT

- Wir veröffentlichen Ihre Hausarbeit, Bachelor- und Masterarbeit

- Ihr eigenes eBook und Buch - weltweit in allen wichtigen Shops

- Verdienen Sie an jedem Verkauf

Jetzt bei www.GRIN.com hochladen und kostenlos publizieren